Papyros
del
*Des*Amor

Gabriel Ganiarov

DEDICATORIA

A todas las mujeres importantes de mi vida,

a las que amé y me amaron

y a ti

que brillas aqu

Índice

Prólogo

¿Qué queda de un amor cuando se acaba? ¿Qué restos, qué cenizas, qué fragmentos? ¿Qué palabras, qué gestos, qué lamentos? ¿Qué memoria, qué olvido, qué nostalgia? ¿Es que acaso, se acaba el amor?

Este libro es un intento de responder a estas preguntas, de explorar el dolor y la belleza de lo que fue y ya no es, de lo que se amó y se perdió, de lo que se escribió y se borró. Es una exploración de lo eterno y lo efímero.

Es un libro de poemas que son como *papyros*, como trozos de papel antiguo que guardan el testimonio de una pasión que se consumió en el fuego de la vida y que después de todo, se negó a morir

No esperen encontrar aquí prosa fácil, ni versos complacientes, ni metáforas gastadas. Este es un libro de poesía honesta, cruda, visceral, pleno de cavilaciones nocturnas que no se conforma con el consuelo de los clichés, sino que busca la verdad de los sentimientos, por más dura que sea. Es un libro que no teme decir lo que siente, ni callar lo que no puede decir.

Este es un libro para los que han amado y han sufrido, para los que han llorado y han reído, para los que han vivido y han muerto un poco. Es un libro para los que saben que el amor es el mayor de los misterios, y el desamor el mayor de los enigmas. Es un libro para aquellos que vencieron al miedo y se atrevieron a amar por encima de las circunstancias.

Es un libro para los que no se resignan a olvidar, ni a dejar de amar

Agradecimientos

A Cordelia, creadora de manos dulces,

A María de los Ángeles, luz socrática,

A Claudia, voz profunda de Guatapé

A Miguel, Víctor, Edgar y Alexis,

enfánts terribles de la poesía

y compañeros de creación

El momento que soy

El momento que soy
solo recibe y se hace raíz
hay oscuridad rodeándome que aún no he visto
soy frontera que germina en cada uno de tus movimientos
límite que se aleja
en cada gesto tuyo
que me ensancha

¿Cómo ofrecerme?
¿Qué puedo devolverte, semilla que sin pausa me sostienes?
¿Bastará mi luz?
¿Serán mis ecos el agradecimiento eterno?

Con los siglos
se han hecho distantes las orillas
sobre el paisaje
la ciudad es un sudario de luces
ascua cotidiana de la vida
y somos nosotros
aislados

perseverantes brotes de amor

La muerte
aquí es estéril

Hace tierra fresca a nuestros pies
surcos amplios
para que pueda hacerse gloria el momento
en que soy
cuando en ti estoy

La sed de tu brasa es la luz en estos dominios
el descampado,
tus silencios
y solo para esa sed vivo
no parecen acompasarse mis palabras
con el sonido que en mí tienen tus luces
bienvenido soy
tu relámpago y tu río
socavan sin cesar nuestras ausencias.

Vida en gerundio

Somos instantes propicios de amor y dudas,

pero ambos sellan su suerte,

cuando mis labios encuentran los tuyos.

A cada paso la vida sigue en gerundio,

pues no hay nada en este mundo,

que esté siendo y no pueda ser trocado por las manos y sus nudos.

Tú estás siendo ahora,

lo que mañana tus caminos siembren,

y del ayer ya no queda ni tímida sombra,

camina a dónde estés, porque el hoy es siempre

Somos instantes infinitos,

inmortales en cada suspiro

Somos los versos

cincelados, vividos, sentidos

pues todo el tiempo del universo a nosotros unido,

se ha vuelto voz y fuego,

al correr en nuestras venas.

Ludus

A veces

vivimos en la mente

oxidamos al cuerpo

execramos al alma

A veces

trasudamos amor

enfangamos en ira

mordemos al amargo pan

de los celos y la envidia

A veces

todo es humo del alma

todo es pesadumbre o,

todo es alegría

A veces

no sabemos nada

y,

lo sabemos todo

Ética a Niké

Como Nauplio

aún roto el remo

con tesón insistente

alejándose del Colquídeo Deimòs

este es el legado...

Coraje

Coraje

¡Coraje!

Hubo tiempos

donde gente tomó el lugar de pensamientos

más pensamiento

es vida

todo

se vive

en sí mismo,

es pleno

si es auténtico

sin temor

Pero aquello sensorial explica menos que lo dicho

y tú

Palabra

dices menos que el relámpago del pensamiento

y los fragores de la tormenta del alma

no pueden explicarse

solo sentirse

para sentirse

hay que estar cerca

para estar cerca

confiar

para confiar

cerrar los ojos

y amar

Latitud verde

Te contaré

de mis días

uno a uno

atravesando el camino que conozco mucho

te contaré de mi infancia

de lagartos verdes

de chapitas

de muñecos plásticos que vivían una gloria imaginaria

te contaré

de lágrimas

de dolor

de libros viejos

de todas las letras que atesoro

de días de sol

de tardes de lluvia donde el cielo lloraba conmigo

te contaré

de cómo conocí aquello que llamaba amor antes de verte

de la vida

de la muerte, que vencida me reclama

de miedos

de afanes

de cómo aprendí que el dinero no es un dios

de cómo lo que vale es la luz que anida en el alma

te contaré

de disyuntivas

porque las condenas del tiempo son iguales e infinitas

del cómo mi vida es conducida

como instrumento en busca de esperanza

viviente

en la latitud del verde

Vago en sombras:

Vago en Sombras
de un punto a otro
en el país de las antorchas frías

Incólume
converso con los pájaros pétreos
escucho su canto enmohecido

y allí

no sin cierta fatiga
he conservado mi sabor solitario y triste

Por ventura, ¿alguien puede exhibir tesón más acendrado?

Me desvisto en los espejos opacos
arropándome como ser original y sufriente
desnudo mi espada de esperanzas amelladas
y embisto con mandobles ciegos a la ansiedad que repta

Paso a través de la desidia cotidiana
caminando entre papeles distraídos
amando unos ojos ambarinos
pisando la tierra removida

Voy
abochornado en los sopores
lleno de las quejas azules del agua que convida

Me llena una paciencia fija y socarrona
y no me atrevo a cambiar de rumbo
ni de sombra

Aguardo la marea del véspero

Para así
cantar sobrevenido
y dejar la pesadumbre
la certeza
de mi corazón que aún lucha
oprimido

Rauda caminas en la bruma

Tú...
que rauda caminas en la bruma
debes saber esto:

Verde Colibrí

Campo arado

Espada de templanza

Otoño fragmentado

Luna de Coral

Lágrima de Acero

Párpado insomne

Lila que enceguece

Esperanza súbita

Amor de las eras

Cascada de Jade inmóvil

Pétrea voluntad

Valor desmedido

Sostén de nieve inadvertida

Deseo ardiente como brasa

Cuerda de cielo enceguecido

Burbuja mineral

Luna de Cuarzo

Pino de verde follaje

Turquesa de mar Caribe

Cintura de humo

Sabor de Madreselvas

Cabellera de frío

Catarata límpida

Eres el Todo

pues estás hecha de todas estas cosas

Tú

que rauda caminas en la bruma

No toques aún la frontera del tiempo

deja que crezca en su propia estatura

para que puedas subir de orquídea en orquídea

sobre el follaje de las hojas secas

Y así...

pisarás a la serpiente amenazante

Fabrica un nuevo piso del silencio

por sobre la marea verde el dolor

y la ira

sólo con el arco

sólo con la flecha

que amor te regala

fabrica tu escudo y tu coraza reluciente

en el eterno abrazo del beso de las almas

con la cruz en ti

Pues para cruzar el puente en llamas

deberás vencer al miedo

Así

sólo así

podrás abrigar en ti al Pulsar

y podrás ver de nuevo

la Casa de la Vida en su esplendor primigenio

Travesía

Mares solitarios son tus paisajes

como argonauta me aventuro en ellos

tristeza y soledad son connubio en el amanecer

¿Cómo descubrir lo ignoto en ti?

así

la ventana a tu alma está cercada

si tu belleza enceguece

Lirio de Acero

Palabras, palabras....

barca que al insomne transportas al mundo escondido

descubriendo sueños inconclusos

metáforas fragantes

Más me afirmo al timón del Argos

atravieso tu Estigia

pues estoy convencido que aún el arco iris

necesita de la lluvia para poder brillar

¿En qué mundos viviste?

¿cuántos paraísos habrás conocido?

sólo tú lo sabes

pero Aurora sabe también de tus pesares y aladas victorias

Aurora sabe

de tus amores

de tus secretas pasiones

y sobre todo de la ternura

esa que sólo aflora como el arco iris

después que llueve

resta el desembarco

a pie firme

en la playa de tu soledad

para despojarte de la desazón

para aliviar tu amarga pena

quizás

si permites al metal de tus pétalos

una caricia

Lirio de Acero

A veces

A veces

sienten que es como si perdieran la vida en el recuerdo

La aurora renace cada día

y su ausencia les muerde fuerte la conciencia

Nadie los vio cuando caminaban

tomados de la mano

mientras el violeta del atardecer encendía sus fuegos en sus ojos

ya que perdieron también ése atardecer

A veces

de pie sobre hombros de gigantes

han visto nuevamente ése violeta

y su ser entero se consume

desgranando versos en consuelo

atenazando al alma en gemidos quedos

Y se preguntan uno al otro en el silencio

¿qué estará haciendo?

¿en qué desconocido tremedal se agitará su alma?

¿qué estará diciendo?

¿le tratarán bien los que le rodean?

Porque sus manos crecen

se estiran

para encontrarse

A veces

se recuerdan

con el alma agrietada

cuando se sienten tristes

cuando no se encuentran en el violeta

Cuando se sienten tan lejanos

que ni el recuerdo de sus ojos logra aquietar sus ansias

A veces

sienten que se alejan más aún en las tardes

sus figuras persiguiendo el violeta del crepúsculo

su conciencia en pos de ellos

anhelantes

Su recuerdo les hace daño

Pero el alma se rebela

ambos se niegan a abandonarse

Friné

Luz Lila

vuelo de colibrí

corazón de hogar

tu recuerdo se me acerca trayendo aromas de mar lejano

tardes apegadas a mi pecho

como enredaderas

y en ellos brillan danzantes las llamas del crepúsculo

Nuestros cuerpos desnudos aspiraban esa brisa

Hoguera de asombro que aún perdura

atisbo de las eras

dulce magnolia que enredada en tus cabellos

coronaba con diademas mis deseos

Eras la fíbula

brillando espléndida con rojo de hematita

sobre tu saya blanca en bordados de oro

tus besos caían con la gracia de las hojas

hasta el fondo profundo de mi alma anhelante

Siento que tus ojos viajan

al presente

con el alma en calma

traen consigo el humo de los trípodes

en platos de oro

Delfines y caracolas adornaron los tapices

donde reposó

tu cuerpo desnudo que brilla con luz propia

Más allá de tus ojos

aún pelea la Luz por propagarse

Más allá de tu recuerdo

giran las hojas de tu amor lejano

Cielo estrellado desde la terraza que miramos

Te recuerdo como eras...

Friné

La esperanza crecía

Dentro de ti

la esperanza crecía

inédita

insospechada

Dentro de mí

el tiempo

andando

Y junto al esmeralda brillante

una brizna

una huella

un manantial de vida

una estrellita seca que ascendió hasta tu boca

Cada día fue esparto

piedra transparente

Cada noche

silicio nocturno

rosa negra

Y este surco fue en tu rostro y el mío

Luz de relámpago infinito

promesa de amor inacabada

Quizás el tiempo de la rosa

no fue el tiempo

Mis ojos se gastaron en tus ojos, pero,

¡es que tú eres mis ojos!

Sólo yo conocí mi alegría

y sólo yo conocí mi pena

Qué importa, que el mismo tiempo que elevó a las llamas

como espigas impolutas

paralelas

mi ser

y tu ternura

mañana las mantenga o las apague

y con su designio insondable

borre al avatar que se interpone

dándonos la sublime victoria

de un solo final

La estrella que brilla con luz propia

en su propia estatura y,

en su propio tiempo.

Una mota de polvo

Icor

eros rebasado en la substancia

blanco diamante

dado en premio

El cercado se presume

desgarrado

en níveos ojos inconstantes

te toca en la mirada

No hay grafemas

sólo la densa pulsación distante

Almas hijas

madres, crisálidas, angosturas impolutas

gravedad volátil

latente en la pregunta

Una mota

de polvo

que en vago temblor al aire se sostiene

nadando entre el fulgor responde

"nada ni nadie

es más grande que la luz ..."

Selene

Selene
diste la corola
cuello y vértice
de luz suspendida

Silencio insondable
nocturna lid
en una vida que arrastra al alma fuerte

Zafírea,
Acompasada como un viejo laúd
Sospecha que apareces informe
decantada en besos que huyeron de tu sombra

Selene
razón en guerra
peinada en piel
por loco acariciada
es la hora que cantes a Afrodysis

Sé lo que busco

Un aroma náufrago en tu cuerpo
un vacilante párpado cerrado
la luz de la palabra que no es justa
al hacer el homenaje
decirte

Cándida
fugaz en el silencio del poema
esclarecida
ignorante en la tristeza
morfología odiosa del adiós

Rubicunda
axiomática en detalles que brillaron
pequeña y abigarrada ceniza vencedora
que deslinda lo vacuo y lo hostil
con cada beso en mi mano que te escribe

El instante del silencio... existe
se alarga en fastos de mundos contiguos

soles tibios

que no dibujan el día para nosotros

paralelos que no conocen un beso...

Sigo Intentando

Recordar el abrazo visceral
la lujuria contenida en los cuerpos
ávidos
magros y egoístas
en la delgada urgencia del deseo

Suavidad y violencia
habitantes de la luna oblicua
que desbocan en brazadas
de sudor y jadeos

La humedad yacente y tibia
del rayo recompuesto en los espejos
multiplicidad
que hizo inacabable el instante

Ardores clavados

lenguaje crudo ascendente al oído

la distancia febril ante la gruta ancestral y sinuosa

donde se esconde el ansia perentoria y grosera del amor

Poema verdadero que se hace con la piel

Es la certeza que canta y crece...

Recuerdo

Recuerdo

cuando el todo se ocultaba en tu cuerpo

resuelto

en esas miradas de aquello que despierta

Creí que olvidaría

hundido entre devastaciones

zarco y fugaz

como un lamento íbero

No supe cómo llamarte

frívola nocturna

escorial marmóreo hecho de fuego

Te llamo zozobra

Hoy

ámbar luminoso

Irreal y plácida

Decencia olvidada

Viene a mí tu eco

días torturados en las cosas

que no podré decirte más

Proscenio

Aunque sonría

Le escuece ver...

A dos amantes hablando margaritas

Lo que teje y desteje en juegos de niños

La casa

El alma blanca

La inocencia al decirse

crepitante y frágil césped que es hollado de continuo

Huido, en colmillos acerados

contumaz

artero emanado en secas páginas

Blando al azar

oreado y meticuloso para

arrastrarse en sus patas

mordiendo al dorso de las manos

Desconfiado y audaz

transmite el habla de su pecho

pide amor y busca recompensa en la perfidia

Desfalleciente en su propio exceso
arduo y agónico en el oprobio exhibe su trofeo
el animal envidioso...

Tu Vid

De escudos y silencios

lo huidizo

pernoctado asiento

difumina al acallar de las voces

Sucumbe

el recio gastarse de los días

en anhelos

en repeticiones ásperas de secretos a voces

en ignorar siempre lo que nos construye

Hay que escoger la mejor vid

trabajar las uvas con manos y pies

eludir la soledad convertida

en el acopio húmedo

que el miedo no puede rozar

No hay que conformarse

un mendrugo jamás es suficiente

hay llamas

hay estertores lúcidos

que esperan el trabajar de tu vid

te sorprenderán en su belleza

Vivo a la luz

Vivo a la luz
deslumbrado buscando lo que muestra
oteando a la insincera
migraña de la sombra

La persigo
elegante al delatarse
irreverente
en vetustas preguntas teñidas de légamo

Vivo a la luz
convexa y refulgente
oculta en cada ojo
en cada batalla de mis manos tercas

Le admiro en su delgada levedad
su persistencia que se cuela en los espejos
su ardor blanco
que vivió convencido en Reverón

Vivo a la luz

capaz de parecerse al verbo

lo que suena y reblandece

a mi alma cruda en los ocasos

Hago del destello brillante

hogaza con prisa en asomarse

alimento fecundo que ilumina

vivo a la luz en sus pasos fulgurantes

Noche

Eres culto

Lo nocturno cobija a las mentes

despiertas

sempiternas

remueven en el vicio de pensar

a la columna heroica que nos sostiene

Oblicua majestad

tu silencio devora el tráfago del día

reposo y quietud

que se respira

nos devuelve a la razón madura en sus respiraciones

noche,

en tus criaturas

noche,

en tus gemidos

noche,

en la palidez de tus lunas obsesas que alimentan y alientan

Escuché atento entre tus ejes

al vértice exacto de tu sombra

a tu música y la mía cuando se unen

para preservarnos en tus callados fuegos...

Tú sabes

Debes...

arder para brillar

no funciona

todo el amor se ha ido

hoy

nadas sobre el bien y el mal

en este túnel

luna verde en los ojos

ganada sin deshonra

volcado al revés

buscas a tientas la caricia

una en un millón

luces desaliñado

no hay fuego que puedas dar

debes...

usarlo para calentarte tú

cosas aparecen

cosas que dejaste sin retorno

ruda la piedad

desaparece

ayúdate tú

nadie te mira

Mascarones

Crece la fuerza del espasmo

El pleonasmo agobia

Para poder decir

Aquellas cosas que van de las venas a la boca

Doblada la edad de los decires

Las crestas se hacen un sudario

Son mascarones los vocablos

Que mienten para saciar la misma boca

¿Cómo describir los seculares odios?

¿Como atesorar los labios del amor?

¿Cómo agostar la sangre vertida en las desdichas?

Las almas sangran… Luz

Así como el cuerpo vil nos miente en los sentidos

La mente ofrece la materia prima para el juicio

La verdad no conoce a la piedad

Las mentiras son las únicas piadosas

Retengo al furor

Necesario es el camino
medido paso a paso
guardar lo que nace al mediodía
para degustarlo en el ocaso

Maduré a las palabras que de antaño
en juventud se acrisolaban
guardé flores, fiebres y caminos
guardé olvidos
caricias con visiones de esplendor

Retengo al furor
busco a la estética brisa en calma
de aquello que en sus días
fue un huracán sin barreras ni dominio

Hay escondidas en las letras
lágrimas, ladrillos... piedras
atardeceres y bosques neblinosos
diademas de colores

nutriente madurez en poesía

Comencé tarde...

lo sé

más mi voz en el otoño

con aquello que aprendí

puede hacer el canto labrado

la cópula de dioses

traer desde lugares lejanos

las eternas preguntas que nunca se detienen

Nunca es tarde

siempre habrá hombres para hacerlas

siempre habrá poetas para cantarlas

¿De qué vale el frío cielo si vives la tibieza de un abrazo?

Bruma púrpura

Abandonaste

bruma púrpura inexplorada

lo que se abre

se incorpora

Cambiar al amor en su esencia

es apelar al vacío

como respuesta

desdecir los vocablos

que genuinos nacieron de tu boca

Caudas flameantes

brillaron sobre ti

en la huella perenne de lo amado

Sol irresoluto

broncíneo deseo

hijo luctuoso en la distancia

como campana sonora en las aguas

separadas

por el báculo

vacío en desazón

Es

existir a medio camino

entre el ser que se es

y el que se quiere ser

Llanto sin orillas

El llanto sin orillas ha cesado
corpóreo
enhiesto sobre la perpendicular mansedumbre
de mis gritos apagados

He vuelto al sitio
a la angostura indómita de lo letal
que vivió muy adentro en mi boca

Es el fasto inmenso
que regresa a su dueño

Fui guardián irresoluto
cantero que destroza a las piedras
con restos de tiempo

No preciso de nada
Y carezco de todo;
la Mujer real e imaginaria
sacude mis hombros en la noche

Quedo

oscuro

taciturno entre el lecho

y los libros

bajo el acoso de sueños intranquilos

el fuego humano

ardiendo en los carbones

Me levanto

en vastedades verdes

con luces azules en el pecho...

Dices

Prefieres estar a solas en el mar

protejo

a tus preguntas

donde nadie vencerá

hablas a la luz del día

danza en tu montaña

que

no te deja ver tu risa

Bajó a las planicies a buscarte

alzó la cabeza para ver quién gritaba

siete vidas distintas

oculta voluntad que es su ley

El más miserable

quinto ego

ermitaño descalzo

azorado

ha vivido, está loco

un ángel dice

es virtud

un demonio dice

es pecado

emborráchate en la taberna de la luna

Doncella

Ala triste

Cuernos color plata de luna

nacen bajo el sauce

ningún otro lo sabe

Amas con la intensidad

que hace olvidar que existes

para otra cosa que no sea amar...

Exagüe

El descanso del dolor en el camino

El borde filoso de la muerte que nos lame

tiempo me habla

no le escucho

No me llames

No quiero el resonar de este eco

Busco la luz atrapada

en una piedra antigua

recuerdo que brilló

espacio cóncavo

se detuvo en la ruta

lágrima perdida de un lirio

No me mires

el acero se posó en tu pátina

tu camino se volvió

de mármol inconcluso

la tierra gime en su quebranto

No me toques

Se ha quebrado el alargarse de mis manos

En el imposible trasluz

del ígneo descampado de tus besos ausentes

No me ames

Máscara labrada

que la oscuridad esconde

Oro de los dioses

que una vez robé...

Escribí sobre el agua

Escribí sobre el agua

sobre el tiempo

describí al metal bruñido

sus olores

conozco al luto y su escudo de bronce

a las montañas de furia enarbolada

Aspiré las desatadas rosas

atesoro al primer amanecer

el trueno del follaje

 a las aves que volaron hasta el nido

Oigo el pulso del agua

oigo al pulsar del mundo

es espacio puro, inasible,

ígneo

es caricia de gesto indomable

busqué en las cavidades del otoño

al frío alambre del sayal que visto

hundiendo la espiral
más abajo de todas
esta veta insondable
de las lágrimas en el océano

Todo aquello que he leído
habla sobre héroes refulgentes
dioses, mandobles
Celestes circunspectas

pero nada me habla
del cómo yo me necesito
de cómo sonreírme a mí solo
del cómo huir del magno mar
y alejarme solitario en sus latidos

Quizás mi consuelo sea
una vez cubierto
abrigado en la madre tierra
renacer
como un celeste girasol
para seguir mirando a la luz...

Dejaré de ser sueño

Dame

de nuevo mi nombre

mojado en tu querencia

enúncialo

grítalo

empapado en tus rubores

biselado en la luz de tu flama

grítame al oído

cómo es que soy

quien soy en ti

yo dejare mi cetro y mi fortuna

y de ser rey

seré esclavo

jardinero amoroso de tu flor

dejaré de ser sueño y seré

tu hombre...

súbeme hasta ser estrella sobre ti

debajo de ti

acrisólame el alma con tu fuego

desátame la lengua que imperiosa

quiere deshojar pétalos en tu vientre

acércate

hasta ser solo un aire electrizado

una sola llama que arde eterna

acércame a tu fuente

y llévate mi barca de hombre a tu mar

navégame

muéstrame la infinita perla que constela tu cielo

devórame con fuerza de leona

que muero por romperme en tus olas

y besar tus arenas candentes

"La piedra es una fuente donde los sueños gimen"
(1)

La Sangre y ella son quebradas por el tiempo
De inmensidad pleno, encierra todo
Mas, ¿Dónde está el poder? ¿Quién lo conserva?

¿Será el agua revestida de paciencia
Que a gotas desdibuja la figura
De la piedra, del fuego, poderosa tesitura
que habita de la tierra la consciencia?

¿Será el viento que al pasar la piedra besa
y con arrullos solapados la destroza?
o acaso ¿será el onírico tormento
que en los hombres que piensan se desbroza?

Viento gimiente, agua, narcosis en trasvaso
experiencia doliente de recuerdo ignoto
masculla sus sílabas, canto en el ocaso
cuando al silbar ¿logran calmar el llanto roto?

¿Vive la frente donde el sueño gime?

¿Vive la piedra al filo del gozoso?

¿Se roza, huye, calma, besa lo frondoso

de aquello que desnuda al alma y la comprime?

Los que gimen claman su locura

sobre piedras teñidas de lágrima y dolor

Olvido, transida experiencia les recuerda

¡Sangre y Piedra son sólo Leteón de color!

(1). Extraído del Poema "Cuerpo Presente" de Federico García Lorca

El reino

Vengo del reino transparente del agua

buscando a la prístina estrella que vive en la sonrisa

viví junto a mí mismo lo que da cada día

amé cuanto pude en mi desdicha

y aún me pregunto cómo fue

que la grieta

se hizo arrolladora

sobre mi piel

Busqué como el minero en la profundidad

no hice daño a nadie en mi trabajo

cuantas cosas saqué de la tierra

berzas, raíces, pedazos de vidrio

aún paladas, de bruñidas letras

Yo las erigí

con la luz de mi alma

Quizás herí con ello

a quien quiso nacer

recibiendo la canción desde mis olas

navegando sobre mí

desatando su propia fuerza

y el torbellino

se llevó también

a quienes querían ver la luz

Soy Hombre

impaciencia que desborda

buscador del albedrío que le rodea

sumergido en la noche con los dedos a tientas

semilla hambrienta a quien el sol se le ha negado

Pensé que mi deber supremo

era cantar

cantar

¡Cantar!

Creí cumplirlo cabalmente

dando cuanto tenía y no tenía

lo que aprendí del mar y de la tierra

lo que vive en el agua y el fuego

y lo que el aire delgado en las mañanas

me susurra

Caminé en preocupaciones y descalzo

bebiendo en las noches a la estrella sublime

odiando al día con su tráfago

agonizando y resistiendo

esperando

creciendo

amando

Me herí a mí mismo

para no dormir

con mi sangre

con mis meditaciones

con lo que los lotos sagrados me regalaron

con la savia olorosa de la madera

con lo azul de mi rosa

lo que pude arrancar a mi ola verde

lo que yace en la verdad arrasada

Quizás el tiempo endureció mi voz

la piedad de piedra que yace enterrada

esa,

que evitó la consagración de los tiempos

¿qué puedo hacer para encontrar de nuevo lo que yace en la tierra?

¿cómo derrumbar la casa furiosa que sustituyó al hogar?

¿Dónde está mi primavera?

¿Será tarde para encontrar a un girasol?

No fue por orgullo que vivo en el terror

ni fue por ego que ahora vago como navío en niebla

fue la mordedura de la ausencia

que me ató de pies y manos

el silencio en los bosques

la prontitud en la ira

cada día me deparó un nuevo dolor

y mi overol de minero se deshizo en la lluvia

en vez de hacer vasijas con el barro

me hundí en él

tratando de luchar

quedé desnudo

frío lacerante

voz sin eco

Solo...

Oficio de poeta

¿Quién diría que el asombro
de las cosas en su efímero existir
no se pueden comparar
al poema contenido en el cuerpo?

Lo vago de la vida
aquello que intrínseco se aferra a la carne
haciendo del cuerpo
la tormenta silábica que contiene

El yambo vibra cuando la piel se arquea
en dolores de parto
en efusión de amores
en prosa divina
brilla con luz propia
regada en sudores
aromas y besos

La lírica pulsa en ojos amados
la épica ruge en voces de ira

y el dístico vuela

en aladar plateado

hogaza bendita de filosofía

Magnífico oficio

éste

de buscar al hexámetro enredado

en los cabellos de alguien

es labor de poeta

es tesón de vida

Luna índigo

Todo

quedó atrás

angustia

soledad

el día suspendido como un puente

la noche y la aurora

la ciudad

por eso surge la luz a fuego lento

horas de ayer cruzadas

días de mañana que se esperan

y me miro

¿Soy aquél?

quien aprendió a sonreír

a fuerza de verla

quien sostuvo en sus manos la esperanza

haciéndola palpitar

y vivir en el humo

quien quemaba las horas

en volutas de espera

No lo sé

a pesar de ello

aún trato

de aprender la moraleja

Aún sueño

son tantas vidas

presente y ausente

soy

a la vez

soy

aquél que fui

Creo que la verdad es misteriosa

la vida

continúa en sucesión de vacío

fulgor enterrado

se desvanece

brilla

de repente

al compás del amor

aroma de nardos

luz difusa que danza en la neblina

ventana que se abrió a lo ignoto al mostrarme tus misterios

De lo que fui

marcas crueles son tatuajes

que confirman lo vivido

dolor compartido en alma doble

Guardaré para siempre

Seis diamantes

la luna índigo que nació en su vientre

la cruz que vino de lejos y voló por la ventana

Dos anillos que renacieron del agua estancada

Dos delfines que se besan en topacios yaciendo en el pavimento

la flor que vuela y se posó sobre sus pechos

su risa en las ventanas teñidas de plumas

su cuerpo arqueado en noches de bruma

Una mariposa con alas de plata

seis semanas de huracán

una cuerda que todavía resiste

Y la pasión más grande que en el mundo existe

pero, aún así

llegas a mí a través de las puertas desechas

y me haces bailar con ojos de olvido

Luz Lila

Amo

las vastas lagunas que acompasadas

viven junto a tu sueño

su música; que moja mi cuello

Amo

al fragoroso relámpago azul que te ilumina y te otorgo

para que tus barcas, con ternura murmurante de abejas

te traigan de nuevo,

desde la noche hasta aquí

Amo

la forma cándida y silenciosa

en que me amas

como cuentagotas de cuarzo rosado

que desgranas en mis labios

Amo

tus noches

tus días

cuando desatas la luz lila que atesoras en tus uñas

y la majestuosa sonrisa

que pintas para mí

Amar en gerundio

He estado aquí

y otros lugares

exploré toda posibilidad

los agujeros

las simas

la reverberante cumbre asolada de fantasmas

Lo apacible se había escabullido

exhortaciones remotas

tintineantes

placeres y dolores del mismo calibre

Al conjuro del verbo

de dobleces

de espectros maldicientes

resplandores sin nombre y sin efecto

Ocurrió al final

entre jirones de alma

dividido hasta hacer un solo aplauso

cuando la soberbia cedió el paso a lo apacible

Reconocí al amor

a su gran paz

a la certeza en los colores que se viven

sin pliegues complicados

sólo vibrando en una sola frecuencia

sólo dar

respirar la cumbre sin dolor

amar en gerundio

El reposo

Cierta vez conocí un celaje verde

luminoso

como mañana de abril

se ven tantas cosas

de pasada

es allí cuando aprendes a medir

aunque a veces se te rompa el alma

todos me aconsejan reposo

que corra

que nade

que vuele

y los Doctos cirujanos me conminan

que trate de respirar el infortunio

y nadie sabe a ciencia cierta

lo que se creía rojo y no lo es

los horarios hambrientos

el aprender a ser

el olvidar reír

No hay horizonte más denso que el dolor

no hay espacio más oscuro que el que sangra

y a veces se prefiere

mirar al orgullo desde la tierra cerrada

Sólo somos polvo

quizás de estrellas

barro sin ojos

nombre quebrado en el olvido

Hay literatos que blanden sus letras

hay soldados que esgrimen sus armas

yo solo puedo esgrimir

a la amorosa honradez tirada en la basura

Yo sé que no me creerán

lo he visto con mis ojos

pues he vivido en la curva del planeta

me di baños de luz

y de tumbas

Ya es tarde

La cuerda se tensa

en el negro ocaso de la disyuntiva

caen los dolores

como polen

amarillo

quebrando la sumisión de los designios

y es que todos somos asesinos

del amor

de la fe

de ilusiones puras que deslindan a los sueños

magro trajinar

trabajo de olvido

Lentitud de garzas que surcan el espacio

vuelo rasante

agonía postrera

la miel de las abejas ya no existe

Ya es tarde

he aquí... al asesino

cada quien que descubra su antifaz

y asuma con coraje su derrota

Extravío

He llegado con el vuelo de las aves

extraviado

no sé qué nos separa o qué nos une

dejado el temple rasgado en la piel

y la pregunta

abierta como noche sin luna

Yo mismo me puse

desdoblado al pie

en la celosía

atisbando

la luminiscente cadencia

el crepitar

un estar dorado

la vida en una sola euforia

caigo de bruces ante ella

lloro

ardo

y apenas

de ti sólo un jirón tengo

Monotema

Clave

Acorde

Ofrenda

Soledad unipolar ensimismada

Soñolencia

Estrechez

Desarraigo que habita en el habla

que enmudece y duele como quemadura

Mérito

Honor

Desosiego dormido tras párpados de luz

Penumbra

Cántico

Ola

Salvaje la piedad si no se muestra

Locura

Cárcel

Olvido

Cantera sublime tu pedregoso beso

Derrota

Victoria

Armonía

Unción

Agasajo supremo en la pléyade tu risa

Gracia

Guirnaldas enjoyadas

Todo es palabra

Tributo

Oración

Amor

Soy tu rey

Así sea

un recuerdo

en plena noche

como un sol que en lugar de alumbrar cantara

se asoma tu corazón

traes

de la noche como un mapa

una flor que suena

un caracol a manera de brújula

para estar

siempre en el mar

Tus dones crecen con luz de amaneceres

tus ríos fluyen

allí donde el amor crece

corazones germinan en tu piel

ojos respiran en ellos

no tienes nombre

Todo lo que palpita te pronuncia

un acorde el aire que respiras

delicia lo que duerme tras tus párpados

a pesar de tus alas

no las necesitas

el viento es tu reino

el amor tu baluarte

y...

yo soy tu rey

Fuerza de Apamate

Fuerza de Apamate

dura

firme

una copa de hierro

un golpe de cielo

que derribó a la hermosura

así miré

lo que hasta ayer

enarboló insondable al tiempo de mi tiempo

no lloré

por mi padre muerto

ni a mi hermano

pero he llorado

a la tempestad

Lluvia y tierra

solapadas en mi costado

luz verde y sombra verde

me acompañan

Dejé al viento
que amainase su furia
fue en vano

me despedí
y quedó tomada por la tempestad
sobre la tierra madre...

Tu misterio

Señalado en satrapía de colores

con la avariciosa rugosidad de mi molicie

desgarbado

roto

sin la necesaria prebenda

huérfano sobre tierra devastada

tu misterio

urbana piedad

carne etérea que convida humilde ante mí

sólo contenida en la voz sin dobleces

Magna complacencia

Prístina tumescencia

Sorbo de existencia

Ebriedad ignota resplandeciente

En tragos apurados restallada

Vino añejo sabor a glorias

Tu misterio

Hechizo

Resonar contiguo de fragua

Atanor de chispas en la mano misma del misterio

Ni un sólo átomo es tuyo

Es todo mío

Regalo

Cuando las vidas

nos regalen otro encuentro

arderán las naves

sin exilio posible

de tu corazón al mío

se medirá la distancia en milímetros

Lánguida dicha

en fulgores de mediodía feraz

acogida en su calidez

retenida entre las letras

deshace horizontes con sus pasos

Cuando las vidas

nos regalen otro encuentro

tu sabrás

y yo sabré

porque sólo una vida no basta para amarse

Mendrugos de tiempo

¿Cómo preguntarse en la caducidad del día si valió la pena su paso?

A veces puedes atravesar al viento

puedes iluminar sombras

juntar arenas de tristezas

o puedes columpiarte en la risa de tus hijos

y dejar al tiempo sus mendrugos

Las cosas y los brillos

tienen fecha de caducidad

Esperamos un compás

un velamen que nos brinde respiro

la atosigada y herbosa liana que guarda en su tejido a la grasa de

miles

de manos que nos haga

caminar lejos de la ausencia infinita

pero todo tiene fecha de caducidad...

todo es como un naipe arrugado y breve que pasa de mano en mano tan conocido como un sillón de casa con sus resortes gastados y

protuberancias acomodaticias

A veces

somos descreídos y el dedo silencioso nos conmina a señalar

aunque también se vuelve contra nosotros y señala el terror del

desamparo

al temblor breve

a la caricia olvidada

con el ojo absorto en el socavón

con las azucenas regadas en la garganta

ahogándonos

con el camino perdido en las bocas del mar

todo indefectiblemente

tiene fecha de caducidad

incluso lo que una vez creímos a pie juntillas

incluso nuestros sueños más profundos

incluso lo eterno

incluso el amor...

El Secreto

Quieta

callada se percibe tu semblanza en la lejanía

 y de tu lozana piel

sólo el bermellón que dejaste en la mía tengo

Que difícil es saberte lejana

de forma corpórea y

conformarme solo con el hálito mágico de tu voz

susurro escondido que golpea el yunque de mis pesares con la

fuerza de mil martillos

a veces

ni siquiera eso

vivirte en la distancia

sólo con el hilo de Ariadna de mi pensamiento

uniéndonos

La saeta del dolor es rauda

y la herida duele aún más

al comprender que el camino es arduo

y que las ilusiones son sólo eso

ilusiones

que se estrellan ante el muro de lo cotidiano

y nos obligan

a vivir vidas prestadas

sentimientos

que danzan con la brida corta de la querencia distante

Sólo Natura me comprende

a veces

me permite enviarte emisarios

pequeñas criaturas aladas que portan el mensaje

sublime e ignoto para los no iniciados

Hierático y febril

cada mensaje

resplandeciente en su contenido

impoluto

en su intención

La brisa

que sopla entre los pinos

abate mi conciencia

calmando en parte

el doliente sueño de tu ausencia lejana

llevándome hasta ti en la barca dorada de mi pensamiento

haciéndote presente

quieta y melancólica

dentro de mí

Veo allí tus ojos....

grandes

ambarinos

brillantes

me sonríen

la distancia entonces se vuelve entelequia

se transforma en Luz

 y me permite viajar en pensamiento

verte

sentirte

donde quiera que estés

bañada en la luz violeta del atardecer

Distancia y espacio son ficción en ti

coloquio de luciérnagas

tus viajes en la oscuridad

danza fecunda

mágico rito

alborada feliz

Relámpago de Luz incomprendida

mis viajes en la oscuridad

Gracias

porque a pesar de la distancia

el espacio y el tiempo

no puede romperse el hilo

 y las criaturas

me han contado que te brillan los ojos al verlas

...y te encanta recibir el mensaje...

Tu escritura

Estoy indefenso

entre espacios

la vida es una pausa interminable

son como comas

que separan los momentos

cuando vivo en tu vientre

Me aderezan

con sueños de paz

de placer

me preparan

para tu puntuación

porque tú escribes

mi vida

con tus pausas

tú colocas los acentos

en mi libro con tu luz

tienes tu sintaxis programada

para hacerme ver

los toldos de tu olor

tu follaje perfumado

tu gota de sal trémula

lo escrito

entre fuegos dorados

y azules eternamente turbados

me haces sentir en tus signos

la súbita permanencia del tiempo

los insospechados límites de la curvatura terráquea

las arenas

las fatigas

las alegrías

las edades acumuladas implacablemente

más,

me encanta

la letra pequeña y rosada

con la que escribes

y ajustas

mi obediencia

mi pueril obcecación

al profundo sitio

que quiero reservar para ti

para tu obra

eternamente...

Tuve la suerte de amar

Tuve la suerte de amar

a la luna de cristal

a la rama roja

al lento otoño en mi ventana

sabor de cielo en esta tierra

Pude tocar la impalpable ceniza

el aroma de metales

viviente

en la piedra verde de sus uñas

Caminé

por el fuego

pude colgarme de las nubes

dejando todo atrás

posando las plantas

en la alfombra de oro rojo

Quiero que sepas una cosa

en este andar pesado de los días

si una flor de tus labios viene a buscarme

en mí nada se apaga

nada se olvida

podré volar de nuevo

mirando

al terciopelo negro de la noche que vuela

y ambos tocaremos

ese mismo cielo con las manos

Tu nombre

Tu nombre

lento

es silencio que cae y circunscribe

rompiente

que hace crecer la ola

Tu nombre

es hado infinito y eterno

vuela

es ser subrepticio

de pronto advertido

Triste insistencia

sueño de verano que mutó en otoño

puerta dorada

espesa y gigantesca rueda de la tierra

Atrás quedaron

pobres chispas azules

perlas de lluvia

que una vez sonrientes

bajaban por las mejillas

Sal de los rituales
rumor y olor de mar antaño
algo quiere tu nombre...
Regresar

Coloquio de Luz

¿Cómo saber si el Péndulo se mueve?

sueños azules vibran en su transitar

camino incierto es el desvelo

si no es acariciado por el intelecto

Una noche me dijiste:

¡Ángel eres!

Y yo replegué mis alas con modestia

escondí mi rostro en bruma púrpura y,

te dije,

No, ¡Soy Hombre!

presa de pasiones y de cóleras

dolor sublime que camina al mundo

ojos que sopesan

mano que acaricia

alma que vibra en compasión candente

Más, pude ver el aura ignota

del motivo de tus aflicciones

No desesperes

Espejo de Agua que caminas sobre sombras

La inquieta Sombra
al fin
te dejará

Días y lunas destino te depara
donde otoño y vapor en connubio se amanceban,
Amor galo

Desafío tenaz el que te espera
Puerta Dorada
Sol y Luz

Del venerable arconte, te diré;
después de muchos años aún es largo el periplo,
fecunda pesca
su barca con velas de colores zarpará
en rojo amanecer
al alisio besará

Espejo de agua que caminas sobre sombras

Luz de mundos envuelve tus miradas

sigue andando en las sendas impolutas

sigue desafiando a la Sombra inacabada

Mi Poesía

He caminado largo trecho
volteando las páginas de piedra,
exudando los calores de fiebres pasadas
explorando los incontables ojos de la vida

Miré de soslayo en las ciudades
bordeando las bondades
sintiendo el ácido de la codicia
aspiré el humo de la envidia
sentí el placer de la caricia amada
comiéndose a dentelladas mi destino

Soy caminante...
he vivido en la jaula preciosa del invierno verde
pisé las arenas donde crecen azucenas tardías
posé mi planta sobre la hojarasca sucia y
traté de no mancharme con la tinta sepia del dolor

Así, ha nacido lo que escribo
al filo del puñal de la existencia

herida abierta que aún sangra

dolor perenne que aún me salpica

transido destino que no se conoce

Agua sombría que sumerge mis querencias

olvido idiota que camina sin rumbo

amor insomne que tiempla el acero

eso me enseñaron las ciudades y pueblos

mercados de maldad donde la vida se subasta impúdicamente

vida que pasa de mano en mano

en la secreta esperanza de encontrar la flor perdida

sin cambiar por el óbolo su honestidad

tremolando aún en las fangosas aguas de su destino

Así ha nacido lo que escribo

Adarga que empuño con fiereza

que esgrimo en contra de la ignominia

arma que protege lo que anida en mi alma

y que sostiene al grito que espanta a la muerte que trepa por los

muros

sueño gastado que adormece a la maldad que reina

Viví...

no lo niego

pues aún a mis años la espuma de la flor me hace temblar

y quien ha conocido al amor cara a cara

jamás podrá olvidar su rostro de rubí

ni podrá pedir perdón por conocerlo

Acerca del autor

Desde joven escribir ha sido mi pasión, construí mi mundo con letras porque jamás me gusto el que me tocó vivir, hice de la poesía y de la música mi escape a mi mundo pleno de canciones y lírica. He vivido muchas cosas, una infancia difícil, madurar a destiempo, muy joven, en ese apresurarse a llegar rápido a la adultez, porque había una familia y un hogar que mantener. Desengaños, rupturas, abandonos, dejaciones, nuevas experiencias, nuevos amores y nuevos desengaños. Oportunidades van y vienen, estudiar filosofía, idiomas, educación ¿tomo el tren?... a la primera lo dejé pasar, dedicándome a otros empleos, negocios, pero mi pasión seguía ahí, seguí escribiendo y componiendo, solo para mí... era mi escape.

El tren de la oportunidad volvió a pasar, ya con otra compañera de vida, con madurez, volví a los estudios, esta vez Letras, no por un título, sólo porque sí.

Seguí escribiendo, para mí, para los míos, y ahora para el mundo. ¿Por qué?, porque viví, amé y aprendí...

Fui extranjero en mi propia tierra, soy extranjero en otra, y jamás me resigné a tener que desmantelar mi mundo.

Ahora lo comparto con ustedes.

Made in the USA
Columbia, SC
09 July 2024

38408157R00069